edition taberna kritika

Hartmut Abendschein
mn ltztr krnz ei ee a
Sonettenkranz, Sonder-Edition

http://www.etkbooks.com/

Gestaltung: etkbooks, Bern
Coverillustration: Hartmut Abendschein

Bibliografische Information der Deutschen Nationalbibliothek: Die Deutsche Nationalbibliothek verzeichnet diese Publikation in der Deutschen Nationalbibliografie; detaillierte bibliografische Daten sind im Internet über http://www.dnb.de abrufbar.

ISBN: 978-3-905846-52-2

Hartmut Abendschein

mn ltztr krnz ei ee a

Sonettenkranz, Sonder-Edition

Mit einem Nachwort
von Stefan Humbel

edition taberna kritika

Inhalt

hrtmt bndschn au aeei
mn ltztr krnz ei ee a
snttnkrnz oeea
sndrdtn oeeiio

der sonettenkranz 'mein letzter kranz' von hartmut abendschein erschien 2007 in 'spatien zeitschrift für literatur' (h.4)

vrtkldtn eiaeiio

I

zrstrt n nr vlzhl mglchr bnhmn
eeu i eie iea öie eee
brst d stts dn mngl n gstlt
eeu u e e ae a ea
dss tws s ds frdn gbt & hlt
a ea ei a iee i a
n stz n rt dn lbn z bqmn
ei i ei o ei o ei ee u euee

gbt & grnz wrdn ncht z thmn
eie ee ee i u ee
n lts lbnsbspl lsst dch klt
ei ae eeeiie ä i a
n fınr zknft schn & g ncht bld
i ee uu o a i a
gdnkst d ncht n ndrs lbn dr z nhmn
ee u i ei aee ee i u ee

dch mmr bst d f dr sch
o ie i u au e ue
n gdnkn fndst d n mnchm bch
eue eae ie u i ae ue
& h & d n nr ztgst schrft
ie a i eie eieii

wnn dnn n wrt n ndrs ggntrfft
e a ei o ei ae eei
vrmtst d dn rckschrttlchr stf
eue u iee üiie ue
gnz glch b wndrmttl wssr dr gft
a ei o ueie ae oe

gnz glch b wndrmttl wssr dr gft
a ei o ueie ae oe i
bdnk ch dggn stts ds n
eee i aee e a eue
& dsm wlln hltnd ch d tr
iee oe ae au ie eue
sprch ch ffm grf hmlch ncht zm stft
ee i oe eme eii i u i

nhm ch n kf d n w ch ndr pflcht
e i i au ie eie ie au ae i
vrstck ch mch nltrm gt
ei i i i auee eäue
n dchts dng ch ncht z frn sch
ei ie i i i u eue eue
st zwfl sdrck hr nch ls drft
i eie auu ee o a i

ns nvrnmmn z vrschwndn
i ueoe u eie
knn ch mt dsr hltng brwndn
a i i iee au üeie
bn ch gnz schr ncht n nzlfll
i i a ie i ei eiea

nr kn frdrng schnt mr z schlcht
u eie oeu ei i u i
lls z wlln nmlch brll
ae u oe äi üea
prdg ch wn & lch glchsm dn vrzcht
eie i ei ae eia e ei

prdg ch wn & lch glchsm dn vrzcht
eie i ei ae eia e ei
s wndg schmt nr dn ntrstllng
o ii äu u eie ueeu
f bdn stn mnglt nmlch d rhllng
au eie eie ae äi ie eeu
stllt sch ncht hntn n & wrtt ncht
e i i ie a ae i

hlt n drttr br ns grcht
iee ei ie üe u ei
ntrt r mnch ngrmt chtng
oiee e a ueeie au
fr jwls ndrr st schnllbtrchtng
ü eei ae eie eeau
d nt & klt mnchrzt bstcht
ie o äe aeei ei

nchts lsst hn lngr dnn vrwln
i ä i äe a eeie
lsst ns zrck & pnkt tln
ä ä uü ue eie
zckt nr d chsln r & wrft sch frt
u u ie ae e i i o

zrck zm ch wll dnnch ch mch shnn
uü u i i eo i i ee
& blb w ch bn n knm rt
eie o i i a eie o
dnn ch wll ll schtngn dr wlt ntlhnn
e i i ae iue e e eee

4

dnn ch wll ll schtngn dr wlt ntlhnn
e i i ae iue e e eee
spglt dr blck zrck d flcht nch vrn
iee e i uü ie ua o
dch knn gmd sh ch zr scht m zrn
o eie u e i u i i o
& m vrgltngstrb mn rcht z shnn
i eeuie ei e u ee

m stllstnd fngt mn rt n sch z dhnn
i ia ä ei o a i u ee
wchst s dn stchl nch n klnr dm
ä au e ae o ei eie o
blbt dch d flcht zrck dr blck nch vrn
ei o ie u uü e i a o
zr wdrhlng ngflschtr sznn
u ieeou eieeie ee

wr ch dch ssr mr & knnt strm
ä i o aue i öe ae
& wtrs tn ls vrtkl z hrm
eie u a eia u ae
& br mnn hls sthn
üe eie ae e

ch n d rd drckt mch mn vrlngn
au i ie ee ü i ei eae
& ch mn kpf wll ntrrdsch ghn
au ei o i ueii e
lln mn krpr hlt mch hr gfngn
aei ei öe ä i ie eae

lln mn krpr hlt mch hr gfngn
aei ei öe ä i ie eae
& wll dch nml snn nfng shn
i o eia eie aa e
vn stnd nll n dr mnt zhn
o ue u a ce oa e
dm rtn fdn nml nchggngn
e oe ae eia aeae

frh gspnstr nvrhngt vrhngn
üe eee ueä eae
bdrngtn sltn wrdn brshn
eäe ee ue üee
whr & ls whrnhmndr z bsthn
a a aeee u ee
glt nr gnz sltn tws & n klnm blngn
a u a ee ea i eiee eae

ds z bkmmn ws ch bn wllt
a u eoe a i ee oe
& ds z lssn ws mn ntrlssn sllt
a u ae a a ueae oe
wr wdr shr gwhnlch nch brnn
a ee e eöi o ao

rst sptr prtn sch mnn nt mnm
e äe aae i aie i aiee
& ch d h g ndn f dr scht nch mnr frm
i ie ae au e u a eie o
n vlfch mhrhtlch z ntlsm
u iea eeii u iiiaiiee

m vlfch mhrhtlch z ntlsrn
u iea eeii u iiiaiiee
bstmmt n nschtbrs mss drchschnttlchkt
ei ei uiae a uiiei
m nchhnn st n wrtng dsr zt
i aiei i eie eu iee ei
w n m rchtn mss prtrbrn
ie ei ieeae euiee

gldfrh mnrng drbr z vrlrn
oo eieu aüe u eiee
blbn dch rst grssr hftbrkt
iee o ee oe aaei
z b trmhllznrt rst zwsmkt
auauiiee ee eisei
knn ncht mhr hrn nmn bchstbrn
a i e ie ae uaiee

vrgssn ch glgntlchs & glg
eee au eeeie eae
w ghst d hn & w wr dch d frg
o e u i ie a o ie ae
& ll d schn hn hrz & mt
a ie ae oe e u

wr n ffkt vn llm sprbrn
a ei ee o ae auoiee
n schn & sn vrmntlch schn & gt
a ei ei eeii ö u
ns krprfrn mch z phntsrn
i öeee i u aaiee

ns krprfrn mch z phntsrn
i öeee i u aaiee
n prvlg rmntsch dlszntrrt
ei iie oai aoeeie
ndt gwhnlch hlfls grsm tblrt
ee eöi io aua eaie
& s bgnnt mn ggnbdl z knddrn
e ei ei eei u aiiee

ds ws ch mnt mt mnrn
a a i eie i aiee
hlt ch mch n brhlt hmlch trmphrt
oe au i ei üeoe eii iuie
dr dn vrlf schn lng htt prklmrt
e e eau o ae ae oaie
wll nn bnl bwsstr brstrpzrn
i u aa eue üeaaiee

ch gb z snd ng sptzn stmpf gwrdn
i ee u i eie ie u eoe
& vl rchn ncht mhr s zm mrdn
iee eie i e au u oe
whl br zgn s nrvstt
o ae eue ie eoiä

dch b dn ggnzchn ngfngn
o ei e eeeie aeae
ntr & brschtzng klnrr qltt
ue üeäu eie uaiä
gb ch glssn mch & nbfngn
e i eae i ueae

gb ch glssn mch & nbfngn
e i eae i ueae
vrgss ch ns ncht & ds sd hr
ee i eie i a ei i
rzgrsrgn zwschn mngltrn & gr
eeueoe ie aeie ie
vrtrmt r slbstvrsmts mch z fngn
eäue eue eeäue i u ae

vrsmts slbstvrtrmts z sch slbst glngn
eäue eeäue uieeae
stttdssn njktnn drch n prjktnsklstr
aee ieioe u ei oeioiie
n lsn lschn lssn gnr mnr
ei öe öe ae eiee aie
vn mr ds mzstzn schtrt ls ntrfngn
o i ie uuee eiee a ueae

sbstrktrll kmpf ltgrchschr grss
uuuee äe aieie öe
mdrn nlsn nbwsstr blss
oee aaye ueue öe
fr mch rst lchhft blbn dch ncht gnrrt
ü i e aa eie o i ioie

mn sgt s fnktnrt ds lbn bn
a a o uioie aeee ee
w dr s st s schn vln s pssrt
ie i o i o iee o aie
dch ncht z spt s s fr n ndrs brlbn
o i u ä ei ü ei ae üeee

dch ncht z spt s s fr n ndrs brlbn
o i u ä ei ü ei ae üeee
n mstr ltr fmdskrs
ei ue ae eueeie
wrd hchghltn dn zm bws
i oeae iee u eeie
fr whlgfrmts & glngns wbn
ü oeoe eue ee

n prsn knnt bspl gbn
ei aaei öe eiie ee
ncht z vrchtndr vrbndngsws
i u eaee eiueie
n wndhch rcht ch lch ls
ei iau ei i ae eie
m ds wdr fzhbn
u iee iee auuee

hmmt skpss mch vr ngr bndng
e ei i o ee iu
bzgsbzglch & dr whrhtsfndng
eueüi e aeiiu
& nbsprchnr dng wgn
ueoe ie ee

s stll ch dnn mdll nbn
o e i e oee ee
nndr hn gns zzlgn
eiae oe eie uuee
b ch s gshn hb n mnm strbn
o i eee a i eie ee

b ch s gshn hb n mnm strbn
o i eee a i eie ee
n sttg ns ngmssn & mch z vrtrtn
ei ei eue aeee i u eee
& stllvrtrtnd mch n nr sptn
eeee i i eie äe
pssn & pflchtgkt n nm szlbn
aio iiei i eie auuee

lln d rbt hndlngslmdr phbn
aei ie aei auauee eee
& drn zlsrtrng frgsts vrwndlbtn
ee ieoieu eiie eaeee
grndlgnlss & vrspnnts wrzljtn
uaeoe eae ueäe
grft mr z krz nfhg jnn mngl z bhbn
ei i u u uäi ee ae u eee

n bgrndng hrfr ht sch schnll rdcht
eie eüu ieü a i e ea
st mltplktn nr mngnmss g wrkngsmcht
i uiiaio u eeäe iua
nstftnd dch dn snnvrbrch
aie o e ieau

vrmhrt sch ztzns dss rbtslstgwnns
ee i eii iee aeiuei
stllt s kn mhrwrk d & smt ch
e e ei ee a oi au
ds ggntl vlschchtg fgtrgnn snns
a eeei ieii aueae i

II

ds ggntl vlschchtg fgtrgnn snns
a eeei ieii aueae i
ls ndrr mnng glbnswrts wlln
a ae eiu aueee oe
x flt gr nht hrng & rspkt z zlln
äe eiei eu ee u oe
vlnmnsglchr thr rsprnglchn bgnns
ieaeeie eoie uüie ei

st fr mch zstndsdskssn jnstgr bns
i ü i uaiuio eeiie i
nwsht m n hrsn f n hhrs brzlln
eeiei u ei ieei au ei öee auoe
& knblng dr whrht drch n wllnslln
eeu e aei u ei oeoe
nr mrchnsms rtnlsrtn brsnns
u eaiu aioaiiee üei

& gttrschpfnd wrtrsh lnnlgnd
öeöe oei iieee
s nfrchtbr n nr hrrschftsfrm ggnd
o uua i eie eaeie ee
nr ngstgschpfts brcht n nfltsjch
u aeöe au ei eiao

ch knn jns rdktnsvrfhrn
i ee ee euioeae
msch ch gnstff lbr schtr & dch
ie i eieoe iee eiee o
wll mn mch mmr nch dvr bwhrn
i a i ie o ao eae

wll mn mch mmr nch dvr bwhrn
i a i ie o ao eae
phmsrngsgbn rstlchn vrblbns
eueiieuae eie eeie
dr zwgschdnht mrtlm schdngstrbns
e ieeieeei oae eiueie
zr knntnsnhm mr ds fwrts wdrfhrn
u eiae i a auä ieae

spkltnn br jn bshbrn
euaioe üe ee aeae
ndn lln glchsmn ntlbns
ee ae eiae eeie
z wng zt mr mnhmlchn ztvrtrbns
u ei ei i aeie eieeie
m mn ttnmsk vr mr fzbhrn
u eie oeae o i auuae

lss ch fnlgdnkn dm fnl
a i iaeae e iae
vrmn nsglchs ns pschl
eeie uäie i auae
& pck ncht vr ftztrtr ltztr wndrng
ae i o oiiee ee aeu

hst ch lbr dch ns ngfhr
ae i iee o i ueäe
& md jn gtgmnt fssng
ei e ee ueeie au
b ncht n nz gr wg n klgr wr
o i ei eie e ei ue äe

b ncht n nz gr wg n klgr wr
o i ei eie e ei ue äe
zrckzkmmn f d sgngsfrg
uüuoe au ie auaae
sh ch mch ssrstnd n dr lg
e i i aueae i e ae
ntwrt z gbn mt dr ntgn schwr
ao u ee i e öe ee

dr llrwltschtngn brblbsl lhr
e a·eiue üeeie ee
ptsch htrgns snngmnglg
oei eeoee ieeeae
z schn rdnn smmln s rtrg
u ue oe ae o eae
ch d sttg nwchsnd msr
i ie ei aaee iee

gfrmts & mgznrts schwgn
eoe aaiiee eie
grdgpglt mmr nch m stgn
eaeee ie o a eie
& wrtnd slbstvrhngtr schrpfng
a· eeäe öu

ws knn & wrd ch mr fbwhrn
a a ee i i aueae
wnn mn spchr vll bs zr rschpfng
e eie eie o i u eöu
sch nch rwsdn ncht sfrt vllcht n
i o eeie i oo i eei i äe ae
sptrn jhrn

sch nch rwsnd ncht sfrt vllcht n sptr
i o eeie i oo ieei i äe ae n jhrn
dr lngn rd krz gdchtn lns
e ae ee u eae eie
s jtzgr scht mstndlchn vsnvrwlns
au ee i uäie iioeeie
knnt ch mr nn zknftsblck rsprn
ö i i eie uui eae

wrd ch knsqntrws s vrfhrn
üe i oeueeeie o eae
& hndlngsdnkn nglnkn hndlngsplns
auee ueee aueie
fgbn dszgnstn ns schwgntlns
auee ieuue eie eieeie
wrdst gnz schr d vn ndrr stll s rfhrn
üe a ie u o ae ee e eae

ws slls ch knn mn ml ncht hltn
a o i a ei au i ae
& sllt nch nml n lngrr srmn sch ntfltn
oe o eia ei äee eo i eae n
vn mr s gh drthn vn w s d s rtrgst
o i au e oi o o au u eä

nr knn ch d whrschnlchkt ncht nhmn
u a i ie aeiiei i ee
dss drt schn tl m tl vn mr rwchst
a o o ei u ei o i eä
zrstrt n nr vlzhl mglchr bnhmn
eeu i eie iea öie eee

zrstrt n nr vlzhl mglchr bnhmn
eeu i eie iea öie eee
gnz glch b wndrmttl wssr dr gft
a ei o ueie ae oe i
prdg ch wn & lch glchsm dn vrzcht
eie i ei ae eia e ei
dnn ch wll ll schtngn dr wlt ntlhnn
e i i ae iue e e eee

lln mn krpr hlt mch hr gfngn
aei ei öe ä i ie eae
m vlfch mhrhtlch z ntlsrn
u iea eeii u iiiaiiee
ns krprfrn mch z phntsrn
i ö eee i u aaiee
gb ch glssn mch & nbfngn
e i eae i ueae

dch ncht z spt s s fr n ndrs brlbn
o i u ä ei ü ei ae üeee
b ch s gshn hb n mnm strbn
o i eee a i eie ee
ds ggntl vlschchtg fgtrgnn snns
a eeei ieii aueae i

wll mn mch mhr nch dvr bwhrn
i a i ie o ao eae
b ncht n nz gr wg n klgr wr
o i ei eie e ei ue äe
sch nch rwsnd ncht sfrt vllcht n sptr
i o eeie i oo ieei i äe ae n jhrn

hrzntldto oioaeiio

I

zrstrt n nr vlzhl mglchr bnhmn eeu i eie iea öie eee
brst d stts dn mngl n gstlt eeu u e e ae a ea
dss tws s ds frdn gbt & hlt a ea ei a iee i a
n stz n rt dn lbn z bqmn ei i ei o ei ee u euee

gbt & grnz wrdn ncht z thmn eie ee iu ee
n lts lbnsbspl lsst dch klt ei ae eeeiie ä ia
n frmr zknft schn & gr ncht bld i ee uu o a i a
gdnkst d ncht n ndrs lbn dr z nhmn ee u i ei aee ee i u ee

dch mmr bst d f dr sch o ie i u au e ue
n gdnkn fndst d n mnchm bch eue eae ie u i ae ue
& h & d n nr ztgstschrft ie a i eie eieii
wnn dnn n wrt n ndrs ggntrfft e a ei o ei ae eei
vrmtst d dn rckschrttlchr stf eue u iee ü iie ue
gnz glch b wndrmttl wssr dr gft a ei o ueie ae oe

gnz glch b wndrmttl wssr dr gft a ei o ueie ae oe i
bdnk ch dggn stts ds n eee i aee e a eue
& dsm wlln hltnd ch d tr iee oe ae au ie eue
sprch ch ffn grf hmlch ncht zm stft ee i oe eie eii i u i

nhm ch n kf d n w ch ndr pflcht e i i au ie eie ie au ae i
vrstrck ch mch n ltrm gt ei i i i auee eäue
n dchts dng ch ncht z frn sch ei ie i i i u eue eue
st zwfl sdrcknhr nch ls drft i eie auu ee o a i

ns nvrnmmn z vrschwndn i ueoe u eie
knn ch mt dsr hltng brwndn a i i iee au üeie
bn ch gnz schr ncht n nzlfll i i a ie i ei eiea

nr kn frdrng schnt mr z schlcht u eie oeu ei i u i
lls z wlln nmlch brll ae u oe äi üea
prg ch wn & lch glchsm dn vrzcht eie i ei ae eia e ei

prdg ch wn & lch glchsm dn vrzcht eie i ei eia e ei

s wndg schmt nr dn ntrstllng o ii äu u eie ueeu
f bdn stn mnglt nmlch d rhllng au eie eie ae äi ie eeu
stllt sch ncht hntn n & wrtt ncht e i i ie a ae i

hlt n drttr br ns grcht iee ei ie üe u ei
ntrt r mnch ngrmt chtng oiee e a ueeie au
fr jwls ndrr st schnllbtrchtng ü eei ae eie eeau
d nt & klt mnchrzt bstcht ie o äe aeei ei

nchts lsst hn lngr dnn vrwln i ä i äe a eeie
lsst ns zrck & pnkt tln ä u uü ue eie
zckt nr d chsln r & wrft sch frt u u ie ae e i i o

zrck zm ch wll dnnch ch mch shnn uü u i i eo i i ee
& blb w ch bn n knm rt eie o i i a eie o
dnn ch wll ll schtngn dr wlt ntlhnn e i i ae iue e e eee

dnn ch wll ll schtngn dr wlt ntlhnn e i i ae iue e e eee
spglt dr blck d flcht ncht nch vrn iee e i uü ie u a o
dch knn gmd sh ch zr scht m zrn o eie u e i u i i o
& m vrgltngstrb mn rcht z shnn i eeuie ei e u ee

m stllstnd fngt mn rt n sch z dhnn i ia ä ei o a i u ee
wchst s dm stchl nch n klnr drn ä au e ae o ei eie o
blbt dch d flcht zrck dr blck nch vrn ei o ie u uü e i a o
zr wdrhlng ngflschtr szn u ieeou eieeie ee

wr ch dch sar mr & knnt strm ä i o aue i öe ae
& wtrs tn ls vrtkl z hrn eie u a eia u ae
& br mnn hls sthn üe eie ae e

ch n d rd drckt nch mn vrlngn au i ie ee ü i ei eae
& ch mn kpf wll ntrrdsch gln au ei o i ueii e
lln mn krpr hlt nch hr gfngn aei ei öe ä i ie eae

llm mn krpr hlt mch hr gfngn aer ei öe ä i ie eae
& wll dch nml snn nfng shn i o eia eie aa e
vn stnd nll n dr mnt zhn o ue u a oe oa e
dm rtn fdn nml nchggngn e oe ae eia aeae

frh gspnstr nvrhngt vrhngn üe eee ueä eae
bdrngtn sltn wrdn brshn eäe ee ue üee
whr & ls whrnhmndr z brshn eäe ee ue üee
glt nr gnz sltn tws & n klnn blngn a u a ee ea i eiee eae

ds z bknnn we ch bn wllt a u eoe a i ee oe
& ds z lssn ws mn ntrlssn sllt a u ae a a ueae oe
wr wdr shr gwhnlch nch brnn a ee e eöi o ao

rst sptr prtn sch mnn nt mnn e üe aae i aie i aiee
& ch d h d ndm f dr scht nch mnr frm i ie ae au e u a eie o
m vlfch mhrhtlch z ntlsrn u iea eeii u iiiaiiee

m vlfch mhrhtlch z ntlsm u iea eeii u iiiaiiee
bstmmt n nschtbrs mss drchschnttlchkt ei ei uiae a uiiei
m nchhnn st n wrtng dsr zt i aiei i eie eu iee ei
w n m rchtn mss prtrbrn ie ei ieeae euiee

gldfrh mnrng drbr z vrlrn oo eieu aüe u eiee
blbn dch rst grssr hftbrkt iee o ee oe aaei
z b trmhllznrt rst zwsmkt auauiiee ee eiaei
knn ncht mhr hrn nmn bchstbrn a i e ie ae uaiee

vrgssn ch glgntlchs & glg eee au eeeie eae
w ghst d hn & w wr dch d frg o e u i ie a o ie ae
& ll d schn hn hrz & mt a ie ae oe e u

wr n ffkt vn llm sprbrn a ei ee o ae auoiee
n schn & sn vrmntlch schn & gt a ei ei eeii ö u
ns krprfrn mch z phntsrn i öeee i u aaiee

7

ns krprfrn mch z phntsrn i öeee i u aiee
n prvlg rmntsch dlszntrrt ei iie oai aoeeie
ndt gwhnlch hlfls grsm tblrt ee eöi io aua eaie
& s bgnnt mn ggnbld z knddrn e ei ei eei u aiiee

ds ws ch mnt mt mnrn a a i eie aiee
hlt ch mch n brhlt hmlch trmphrt oe au i ei üeoe eii iuie
dr dn vrlf schn lng htt prklmrt e e eau o ae ae oaie
wll nn bnl bwsstr brstrpzrn i u aa eue üeaaiee

ch gb z snd ng sptzn stmpf gwrdn i ee u i eie ie u eoe
& vl rchn ncht mhr s zm mrdn iee eie i e au u oe
whl br zgn s nrvstt o ae eue ie eoiä

dch b dn ggnzchn ngfngn o ei e eeeie aeae
ntr & brschtzng klnrr qltt ue üeäu eie uaiä
gb ch glssn mch & nbfngn e i eae i ueae

gb ch glssn mch & nbfngn e i eae i ueae
vrgss ch ns ncht & ds sd hr ee i eie i a ei i
rzgrstgn zwschn mngltrb & gr eeueoe ie aeie ie
vrtrmt r slbstvrsmts mch z fngn eäue eue eeäue i u ae

vrsmts slbstvrtrmts z sch slbst glngn eäue eeäue uieeae
stttdssn njktnn drch n prjktnsklstr aee ieioe u ei oeioiie
n lsn lschn lssn gnr mnr ei öe öe ae eiee aie
vn mr ds mzstzn schtrt ls ntrfngn o i ie uuee eiee a ueae

sbstrktrll kmpf ltgrchschr grss uuuee äe aieie öe
mdrn nlsn nbwsstr blss oee aaye ueue öe
fr mch rst lchhft blbn dch ncht gnrrt ü i e aa eie o i ioie

mn sgt s fnktnrt ds lbn bn a a o uioie a ee ee
w dr s st s schn vln s psrt ie i o i o iee o aie
dch ncht z spt s s fr n ndrs brlbn o i u ä ei ü ei ae üeee

9

dch ncht z spt s s fr n ndrs brlbn o i u ä ei ü ei ae üeee
n mstr ltr fmdskrs ei ue ae eueeie
wrd hchghltn dn zm bws i oeae iee u eeie
fr whlgfrmts & glngns wbn ü oeoe eue ee

n prsn knnt bspl gbn ei aaei öe eiie ee
ncht z vrchtndr vrbndngsws i u eaee eiueie
n wndhch rcht ch lch ls ei iau ei i ae eie
m ds wdr fzhbn u iee iee auuee

hmmt skpss mch vr ngr bndng e ei i o ee ia
bzgsbzglch & dr whrhtsfndng eueüi e aeiiu
& nbsprchnr dng wgn ueoe ie ee

s stll ch dnn mdll nbn o e i e oee ee
hndr hn gns zzlgn eiae oe eie uuee
b ch s gshn hb n mnm strbn o i eee a i eie ee

IO

b ch s gshn hb n mnm strbn o i eee a i eie ee
n sttgt ns ngmssn & mch z vrtrtn ei ei eue aeee i u eee
& stllvrtrtnd mch n nr sptn eeee i i eie äe
pssn & pflchtgkt n nm szlbn aio iiei i eie auuee

lln d rbt hndlngslrndr phbn aei ie aei auauee eee
& drn zlsrtrng frgsts vrwndlbtn ee ieoieu eiie eaeee
grndlgnlss & vrspnnts wrzljtn uaeoe eae ueäe
grft mr z krz nfhg jnn mngl z bhbn ei i u u uäi ee ae u eee

n bgrndng hrfr ht sch schnll rdcht eie eüu ieü a i e ea
st mltplktn nr mngnmss g wrkngsmcht i uiiaio u eeäe iua
nstftnd dch dn snnvrbrch aie o e ieau

vrmhrt sch ztzns dss rbtslstgwnns ee i eii iee aeiuei
stllt s kn mhrwrk d & smt ch e e ei ee a oi au
ds ggntl vlschchtg fgtrgnn snns a eeei ieii aueae i

II

ds ggntl vlschchtg fgtrgnn snns a eei ieii aueae i

ls ndrr mnng glbnswrts wlln a ae eiu aueee oe
x flt gr nht hrng & rspkt z zlln äe eiei eu ee u oe
vlnmnsglcht thr rsprnglchn bgnns ieaeeie eoie uüie ei

st fr mch zstndsksn jnstgr bns i ü i uaiaio eeiie
nwsht m n hrsn f n hhrs bzrlhn eeiei u ei ieei au ri öee auoe
& knblng dr whrht drch n wllnslln eeu e aei u ei oeoe
nr mchnsms rtnlsrtn brsnns u eaiu aioaiiee üei

& gttrschpfnd wrtrch lnnlgnd öeöe oei iieee
s nfrchtbr n nr hrrschftsfrn ggnd o uua i eie eaeie ee
nr ngstgschpfts brcht n nfltsjch u aeöe au ei eiao

ch knn jns rdktnsvrfhrn i ee ee euioeae

msch ch gnstff lbr schtr & dch ie i eieoe iee eiee o

wll mn mch mmr nch dvr bwhrn i a i ie o ao eae

wll mn mch mmr nch dvr bwhrn i a i ie o ao eae
phmsrngsgbn rstlchn vrblbns eueiieuae eie eeie
dr zwgschdnht mrtlm schdngstrbns e ieeieeei oae eiueie
zr knntnsnhm mr ds fwrts wdrfhrn u eiae i a auä ieae

spkltnn br jn bshbrn euaioe üe ee aeae
ndn lln glchsmn ntlbns ee ae eiae eeie
z wng zt mr nnhmlchn ztvrtrbns u ei ei i aeie eieeie
m mn ttnmsk vr mr fzbhrn u eie oeae o i auuae

lss ch fnlgdnkn dm fnl a i iaeae e iae
vrnn nsglchs ns pschl eeie uäie i auae
& pck ncht vr ftztrtr ltztr wndrng ae i o oiie ee aeu

hst ch lbr dch ns ngfhr ae i iee o i ueäe
& md jn gtgmnt fssng eie ee ueeie au

b ncht n nz gr wg n klgr wr o i ei eie e ei ue äe

I3

b ncht n nz gr wg n klgr wr o i ei eie e ei ue äe
zrckzkmmn f d sgngsfrg uüuoe au ie auaae
sh ch mch ssrstnd n dr lg e i i aueae i e ae
ntwrt z gbn mt dr ntgn schwr ao u ee i e öe ee

dr llrwltschtngn brblbsl lhr e aeeiue üeeie ee
ptsch htrgns snngmnglg oei eeoee ieeeae
z schn rdnn smmln s rtrg u ue oe ae o eae
ch d sttg nwchsnd msr i ie ei aaee iee

gfrmts & mgznrts schwgn eoe aaiiee eie
grdgpglt mmr nch m stgn eaeee ie o a eie
& wrtnd slbstvrhngtr schrpfng ae eeäe öu

wss knn & wrd ch mr fbwhrn a a ee i i aueae
wnn mn spchr vll bs zr rschpfng e eie eie o i u eöu
sch nch rwsnd ncht sfrt vllvht n sptrn jhrn i o eeie i oo ieei äe
ae

sch nch rwsnd ncht sfrt vllcht n sptrn jhrn i o eeie i oo ieei i
dr lngn rd krz gdchtn lns e ae ee u eae eie äe ae
s jtzgr scht mstndlchn vsnvrwlns au ee i uäie iioeeie
knnt ch mr nn zknftsblck rsprn ö i i eie uui eae

wrd ch knsqntrws s vrfhrn üe i oeueeeie o eae
& hndlngsdnkn nglnkn hndlngsplns auee ueee aueie
fgbn dszgnstn ns schwgntlns auee ieuue eie eieeie
wrdst gnz schr d vn ndrr stll s rfhrn üe a ie u o ae ee e eae

ws slls ch knn mn ml ncht hltn a o i a ei au i ae
& sllt nch nml n lngrr srmn sch ntfltn oe o eia ei äee eo i eae
vn mr s gh drthn vn w s d s rtrgst o i au e oi o o au u eä

nr knn ch d whrschnlchkt ncht nhmn u a i ie aeiiei i ee
dss drt schn tl m tl vn mr rwchst a o o ei u ei o i eä
zrstrt n nr vlzhl mglchr bnhmn eeu i eie iea öie eee

zrstrt n nr vlzhl mglchr bnhmn eeu i eie iea öie eee
gnz glch b wndrmttl wssr dr gft a ei o ueie ae oe i
prdg ch wn & lch glchsm dn vrzcht eie i ei ae eia e ei
dnn ch wll ll schtngn dr wlt ntlhnn e i i ae iue e e eee

lln mn krpr hlt mch hr gfngn aei ei öe ä i ie eae
m vlfch mhrhtlch z ntlsrn u iea eeii u iiiaiiee
ns krprfrn mch z phntsrn i öeee i u aaiee
gb ch glssn mch & nbfngn e i eae i ueae

dch ncht z spt s s fr n ndrs brlbn o u ä ei ü ei ae üeee
b ch s gshn hb n mnm strbn o i eee a i eie ee
ds ggntl vlschchtg fgtrgnn snns a eeei ieii aueae i

wll mn mch mmr nch dvr bwhrn i a i ie o ao eae
b ncht n nz gr wg n klgr wr o i ei eie e ei ue äe
sch nch rwsnd ncht sfrt vllcht n sptrn jhrn i o eeie i oo ieei i
äe ae

Hartmut Abendschein
mein letzter kranz
Sonettenkranz, Version 2007

[1]

zerstreut in einer vielzahl möglicher benehmen
bereust du stets den mangel an gestalt
dass etwas sei, das frieden gibt & halt
ein sitz, ein ort, dein leben zu bequemen

gebiet & grenze werden nicht zu themen
ein altes lebensbeispiel lässt dich kalt
in ferner zukunft & schon gar nicht bald
gedenkst du nicht, ein anderes leben dir zu nehmen

doch immer bist du auf der suche
neue gedanken findest du in manchem buche
& hie & da in einer zeitgeistschrift

wenn dann ein wort ein andres gegentrifft
vermutest du ideen rückschrittlicher stufe
ganz gleich, ob wundermittel, wasser oder gift

---

[1] neokonservatives mitspracherecht

[2]

ganz gleich, ob wundermittel, wasser oder gift
bedenke ich dagegen stets das neue
& diesem wollen haltend auch die treue
spreche ich offen, greife heimlich nicht zum stift

nehm ich in kauf die eine wie auch andre pflicht
verstrick ich mich in lauterem getäue
ein dichtes ding ich nicht zu freuen scheue
ist zweifel, ausdruck eher noch als drift

ins unvernommne zu verschwinden
kann ich mit dieser haltung überwinden
bin ich ganz sicher nicht ein einzelfall

nur keine forderung scheint mir zu schlicht
alles zu wollen, nämlich, überall
predige ich wein & lache gleichsam den verzicht

---

[2] romantischer gegenentwurf

3

predige ich wein & lache gleichsam den verzicht
so windig schäumt nur deine unterstellung
auf beiden seiten mangelt nämlich die erhellung
stellt sich nicht hinten an & wartet nicht

hielte ein dritter über uns gericht
notierte er manch ungereimte achtung
für jeweils andrer seite schnellbetrachtung
die not & kälte mancherzeit besticht

nichts lässt ihn länger dann verweilen
lässt uns zurück & punkte teilen
zuckt nur die achseln er & wirft sich fort

zurück zum ich will dennoch ich mich sehnen
& bleibe wo ich bin, an keinem ort
denn ich will alle sichtungen der welt entlehnen

---

[3] unparteiisches staunen

[4]

denn ich will alle sichtungen der welt entlehnen
spiegelt der blick zurück die flucht nach vorn
doch keinen grund seh ich zur sicht im zorn
& im vergeltungstrieb mein recht zu sehnen

im stillstand fängt mein ort an sich zu dehnen
wächst aus dem stachel noch ein kleiner dorn
bleibt doch die flucht zurück, der blick nach vorn
zur wiederholung eingefleischter szenen

wär ich doch ausser mir & könnte starren
& weitres tun als vertikal zu harren
& über meinem halse stehn

auch in die erde drückt mich mein verlangen
& auch mein kopf will unterirdisch gehn
allein mein körper hält mich hier gefangen

---

[4] standpunkte – bewegungen

[5]

allein mein körper hält mich hier gefangen
& will doch einmal seinen anfang sehn
von stunde null an oder monat zehn
dem roten faden einmal nachgegangen

frühe gespenster unverhängt verhangen
bedrängten selten, wurden übersehn
wahr & als wahrnehmender zu bestehn
galt nur ganz selten etwas & in kleineren belangen

das zu bekommen, was ich eben wollte
& das zu lassen, was man unterlassen sollte
war weder sehr gewöhnlich noch abnorm

erst später paarten sich manien mit manieren
& ich – d. h. die andren - auf der sucht nach meiner form
um vielfach mehrheitlich zu initialisieren

---

[5] erste eindrücke

[6]

um vielfach mehrheitlich zu initialisieren
bestimmt ein unsichtbares mass durchschnittlichkeit
im nachhinein ist eine wertung dieser zeit
wie ein im-rechten-masse perturbieren

goldfroh erinnerung darüber zu verlieren
blieben doch reste grosser haftbarkeit
z.b.: traumhalluzinierte erste zweisamkeit
kann nicht mehr ihren namen buchstabieren

vergessen auch gelegentliches & gelage
wo gehst du hin? & wie war doch die frage?
& all die sachen ohne herz & mut

war ein effekt von allem ausprobieren
an schein & sein, vermeintlich schön & gut
ins körperferne mich zu phantasieren

---

[6] schwellenängste

7

ins körperferne mich zu phantasieren
ein privileg, romantisch adoleszentriert
endet gewöhnlich hilflos, grausam etabliert
& es beginnt mein gegenbild zu kandidieren

das, was ich meinte mit „manieren"
holte auch mich ein, überholte, heimlich triumphiert
der den verlauf schon lange hatte proklamiert
will nun banal bewusster überstrapazieren

ich gebe zu, sind ein'ge spitzen stumpf geworden
& viele reichen nicht mehr aus zum morden
wohl aber zeugen sie nervosität

doch bei den gegenzeichen angefangen
unter- & überschätzung kleinrer qualität
geb' ich gelassen mich & unbefangen

---

[7] dementieren

[8]

geb' ich gelassen mich & unbefangen
vergess ich eines nicht & das seid ihr
erzeugersorgen zwischen mangeltrieb & gier
verträumte euer selbstversäumtes mich zu fangen

versäumtes selbstverträumtes zu-sich-selbst-gelangen
stattdessen injektionen durch ein projektionsklistier
ein lösen, löschen, lassen eigener manier
von mir dies umzusetzen scheiterte als unterfangen

substrukturelle kämpfe altgriechischer grösse
moderne analysen unbewusster blösse
für mich erst lachhaft, bleiben doch nicht ignoriert

man sagt, so funktioniert das leben eben
wie dir, so ist`s schon vielen so passiert
doch nicht zu spät sei`s für ein andres überleben

---

[8] erzeugerentsorgung

[9]

doch nicht zu spät sei`s für ein andres überleben
ein muster alter freundeskreise
wird hochgehalten, diene zum beweise
für wohlgeformtes & gelungnes weben

ein paarsein könnte beispiel geben
nicht zu verachtender verbindungsweise
ein windhauch reicht, ich lache leise
um diese wieder aufzuheben

hemmt skepsis mich vor enger bindung
bezugsbezüglich & der wahrheitsfindung
& unbesprochner dinge wegen

so stell ich denn modelle neben-
einander, ohne eignes zuzulegen
ob ich's gesehen hab in meinem streben?

---

[9] beziehungswaise

[10]

ob ich's gesehen hab in meinem streben?
ein stetig neues, angemessen & mich zu vertreten
& stellvertretend mich in einer späten
passion & pflichtigkeit in einem auszuleben

allein die arbeit handlungslauernder epheben
& deren zielsortierung, eifrigstes verwandelbeten
grundlagenloses & verspanntes wurzeljäten
greift mir zu kurz, unfähig jenen mangel zu beheben

eine begründung hierfür hat sich schnell erdacht
ist multiplikation nur mengenmäss`ge wirkungsmacht
anstiftend doch den sinnverbrauch

vermehrt sich zeitzins dieses arbeitslustgewinns
stellt es kein mehrwerk da & somit auch
das gegenteil vielschichtig aufgetragnen sinns

---

[10] arbeit macht sinn

[11]

das gegenteil vielschichtig aufgetragnen sinns
als andrer meinung glaubenswertes wollen
x-fält`ger einheit ehrung & respekt zu zollen
vielnamensgleicher theorie ursprünglichen beginns

ist für mich zustandsdiskussion jenseitiger bins-
enweisheit, um ein hiersein auf ein höheres abzurollen
& knebelung der wahrheit durch ein wollensollen
nur mechanismus rationalisierten übersinns

& götterschöpfend wortreich linienlegend
so unfruchtbar in einer herrschaftsfreien gegend
nur angstgeschöpftes braucht ein einfaltsjoch

ich kenne jenes reduktionsverfahren
mische ich eigenstoffe lieber, scheitere & doch
will man mich immer noch davor bewahren

---

[11] götterdämmung

[12]

will man mich immer noch davor bewahren
euphemisierungsgaben restlichen verbleibens
der zwiegeschiedenheit mortalem scheidungstreibens
zur kenntnisnahme mir, das aufwärts widerfahren

spekulationen über jene absehbaren
enden allen gleichsamen entleibens
zu wenig zeit mir, annehmlichen zeitvertreibens
um meine totenmaske vor mir aufzubahren

lass ich finalgedanken dem finale
verneine unsägliches ins pauschale
& packe nicht vor oftzitierter letzter wanderung

haste ich lieber doch ins ungefähre
& meide jene gutgemeinte fassung
ob nicht ein einz'ger weg ein kluger wäre?

---

[12] traumfinale

13

ob nicht ein einz'ger weg ein kluger wäre?
zurückzukommen auf die ausgangsfrage
seh ich mich ausserstande in der lage
antwort zu geben mit der nötgen schwere

der allerweltsichtungen überbleibsel lehre
poetisch heterogenes sinngemengelage
zu suchen, ordnen, sammeln, so ertrage
ich, die stetig anwachsende misere

geformtes & magaziniertes schweigen
geradgepegelt, immer noch am steigen
& wartend selbstverhängter schröpfung

was kann & werde ich mir aufbewahren
wenn meine speicher voll bis zur erschöpfung
sich noch erweisend, nicht sofort, vielleicht in spätren jahren

---

13 extended version

14

sich noch erweisend, nicht sofort, vielleicht in spätren jahren
der langen rede kurz gedachten eilens
aus jetzger sicht umständlichen visionverweilens
könnt ich mir einen zukunftsblick ersparen

würde ich konsequenterweise so verfahren
& handlungsdenken ungelenken handlungspeilens
aufgeben dieszugunsten eines schweigenteilens
würdest ganz sicher du von andrer stelle es erfahren

was solls, ich kann mein maul nicht halten
& sollte noch einmal ein längerer sermon sich entfalten
von mir aus, geh dorthin, von wo aus du`s erträgst

nur kann ich die wahrscheinlichkeit nicht nehmen
dass dort schon teil um teil von mir erwächst
zerstreut in einer vielzahl möglicher benehmen

---

[14] sic tacuisses

[15]

zerstreut in einer vielzahl möglicher benehmen
ganz gleich, ob wundermittel, wasser oder gift
predige ich wein & lache gleichsam den verzicht
denn ich will alle sichtungen der welt entlehnen

allein mein körper hält mich hier gefangen
um vielfach mehrheitlich zu initialisieren
ins körperferne mich zu phantasieren
geb' ich gelassen mich & unbefangen

doch nicht zu spät sei`s für ein andres überleben
ob ich's gesehen hab in meinem streben?
das gegenteil vielschichtig aufgetragnen sinns

will man mich immer noch davor bewahren
ob nicht ein einz'ger weg ein kluger wäre?
sich noch erweisend, nicht sofort, vielleicht in spätren jahren

---

[15] letzte dinge [sonetto magistrale]

Das Ventil. Skelette und Fleisch

Von Stefan Humbel

In Jacques Tatis Klassiker *Les vacances de Monsieur Hulot* macht ebendieser Hulot eine Landpartie. In seiner Voiturette André Lombard Typ 3, kurz VAL 3, scheppert er bald schon über eine Bodenwelle und muss sich vor einem Friedhof um die Reparatur seiner Kiste kümmern. Ein Ersatzreifen landet auf dem belaubten Boden, Blätter bleiben daran kleben, der Friedhofsgärtner nimmt dem leicht überforderten Hulot den ‚Totenkranz' ab und hängt ihn vor den Augen einer Beerdigungsgesellschaft an ein frisches Grab. Ein Autoreifen ist ein verhinderter Totenkranz, ein Totenkranz ein verkappter Autopneu.

Ein Kranz ist Andenken. Ein Totenkranz ist Andenken. Ein Kranz ist auch Zierde, ein Kranz ist Schmuck. Der Veilchenkranz etwa oder der Asternkranz. Ein Kranz ist Feier, ein Kranz ist Ritual. Ein Ährenkranz, ein Hochzeitskranz, ein Rosenkranz. Ein Kranz ist Würdigung, ein Kranz ist Auszeichnung. ‚Kranz' »glossiere«, so Grimm, *corona* und *diadema*, Krone und Königsbinde, Eichenkranz und Lorbeerkranz. Und natürlich ist ein Kranz ganz viel mehr und gibt es allerhand andere Kränze, sie alle aber sind, so wusste es Adelung, »ein Ring, Reif, oder ähnliches kreisförmiges Ding«.

Nicht so der Sonettenkranz, eine aus dem italienischen Barock hervorgegangene Gedichtform. Der Sonettenkranz, das ist vierzehn plus eins. Vierzehn Sonette reihen sich aneinander, wobei der letzte Vers eines Gedichts im ersten Vers des nächsten wieder aufgenommen wird. Und bildlich irgendwie an den altägyptischen Selbstverzehrer erinnernd, die Schlange, die sich in den eigenen Schwanz beisst, ist der letzte Vers des vierzehnten dem Anfangsvers des Einstiegssonetts gleich. Soweit so gut, soweit ein kreisförmiges Ding. Aber da gibt es eben plus eins, die so genannte Magistrale, das Meistersonett. Denn Sonett Nummer fünfzehn setzt sich zusammen aus den Anfangs- oder eben Schlussversen der vierzehn Gedichte des Rings. Damit ist Nummer fünfzehn heimisch und doch auch nicht, zugehörig, aber auch aussen vor, nachgestellt. Ein bisschen wie das Nachwort.

Ach, ja, Monsieur Hulot. Da ist noch etwas nachzutragen. Während die Trauernden nun so vor dem frisch behängten Grab andächtig stehen, macht es plötzlich pffft, die Luft entweicht aus dem Reifen, der Reifen fällt in sich zusammen, wird entkranzt. Der letzte Kranz, das ist, wenn das Ventil nicht mehr dichtet, wenn das Ventil unübersehbar, unüberhörbar wird. Der letzte Kranz, das ist hier vierzehn plus eins. Und plus eins, das ist das Ventil.

Das mag Spielerei sein. Sei's drum. Spielerisch ist auch *mn ltztr krnz ei ee a*, dieses »literarische Self-Reenactment« von *mein letzter kranz*, der 2007 in der Zeitschrift *spatien* erschienen ist. Aus einem klassischen Sonettenkranz hat Hartmut Abendschein ein sehr viel stärker auf die Materialität des Schreibakts und der Schreibumgebung ausgerichtetes palimpsestartiges Ding gemacht. Auf der designgeschichtlich längst legendären Olivetti Lettera 22 wurde der ursprüngliche Sonettenkranz zwei Mal abgetippt, einmal in vertikaler, einmal in horizontaler Seitenausrichtung. In schwarzer Tinte sind die Konsonanten gedruckt, darunter oder rechts daneben, je nach Version, in roter Tinte die Vokale. Korrekturen wurden direkt am Papier vorgenommen, durch Überschreibungen oder Überklebungen, wirklich neu angesetzt wurde nicht. So bekommen wir insgesamt ein kreisförmiges Ding zu sehen, das irgendwie aber auch unablässig seine Kranzhaftigkeit infrage stellt, oder anders: Dadurch, dass das Ventil hörbar, sichtbar bleibt, durch die kleine Unkranzhaftigkeit gewissermassen, wird *mn ltztr krnz ei ee a* erst zum Kranz.

Das ist nun sicher auch generisch für einen Sonettenkranz. Das Ventil steuert den Durchfluss von Fluiden oder Gasen, reguliert also auch den Druck. So gesehen auch im Kranz-Ventil plus eins. Alle einzelnen vierzehn Sonette werden zueinander ins Verhältnis gesetzt. Aber wie genau? Oder andersrum, was wird hier ins Verhältnis gesetzt? Sind es die Anfangsverse oder die Schlussverse, die nochmals aufgenommen werden? Systemisch täuscht die Form des Sonettenkranzes noch eine Identität dieser Verse vor, weil hier schlicht dieselben Buchstabenkombinationen stehen. Das ist an sich schon fraglich, da ein Anfangsvers eben ein Anfangsvers, ein Schlussvers ein Schlussvers ist. *mn ltztr krnz ei ee a* wird hier aber schon deutlicher. Durch die Singularität des getippten Satzes, durch die Sichtbarkeit der Korrektur wird die Ungleichheit der Verse augenscheinlich im eigentlichen Sinn. Jeder Vers ist einmalig, bedeutungsvoll durch seine ausgestellte Materialität. Darum eben die Frage: Was wird hier ins Verhältnis gesetzt? Ein Anfangsvers, ein Schlussvers oder etwas Drittes?

Nicht unähnlich stellt sich die Frage nach den so genannt ‚gesonderten' Konsonanten und Vokalen. Selbstverständlich sind wir als geübte Leserinnen und Leser einigermassen in der Lage, eine Rekonstruktion eines Wortes aus seinen Konsonanten und Vokalen vorzunehmen. Aber wozu denn überhaupt? Ich lese nicht ‚zerstreut in einer vielzahl möglicher benehmen', sondern ‚zrstrt n nr vlzhl mglchr bnhmn' *und* ‚eeu i eie iea öie eee'. Genau genommen lese ich hier *zwei* Verse, wie es einzelne Zeilenumbrüche oder Versfortführungen auf Folgezeilen auch ganz deutlich machen. Was also haben wir hier? Ist das noch ein Sonett? Oder eine Art Sonettenverdoppelung? Ich würde behaupten, zumindest kein kreisförmiges Ding im eigentlichen Sinn, schon eher ein kreisähnliches Ding, ein Reifen mit Ventil vielleicht. Denn der Ventile, der hör- und sichtbaren unkranzhaft kranzhaften Dinge, sind viele in *mn ltztr krnz ei ee a*. Oder, um zumindest Schopenhauer mal zu widersprechen, nein, die Konsonanten sind eben nicht das gleichbleibende Skelett, zu dem sich als vergängliches Fleisch die Vokale gesellen, sie sind schlicht ein Vers wie auch die Vokale ein Vers sind.

So rätselhaft mir ist, ob im Ventil die Anfangs- oder Schlussverse – oder dritte – aufgenommen werden, so rätselhaft ist mir, was überhaupt ein Anfang ist. Und, wohlgemerkt, ich rätsele gern. Naheliegend wäre, im so genannten Erstdruck von 2007 ein Original zu vermuten. Doch warum nur? Da steht einfach etwas ganz anderes. Zwar gibt es mögliche Residuen einer möglichen Urform, so das Zeichen &, das sich nicht endgültig entscheiden mag, ob es ein Konsonant oder ein Vokal ist und darum bleibt, was es ist: eine nicht übersetzte Ligatur. Ansonsten aber ist die Idee eines Originals von 2007 vor allem eine Behauptung aus dem Editorial. Und mit Fug liesse sich fragen, ob die Idee einer ‚vrtkldtn eiaeiio[!]' (vertikalen Edition?) und einer ‚hrzntldto[!] oioaeiio' (horizontalen Edition?) überhaupt verständlich ist. Einer Edition wovon denn, von welchem Gemeinsamen denn? Es gehört zur Schönheit der Versuchsanordnung von *mn ltztr krnz ei ee a*, dass gerade in dieser Kapitelung diese Fragen sich fast schon mit Ankündigung niederschlagen: Nicht nur wird im ‚Systemfehler' ‚hrzntldto' die behauptete Trennung von Konsonanten und Vokalen aufgehoben, hier gibt es auch kein Spatium mehr zwischen den möglichen Worten vertikale/edition und horizontale/edition. Das ventilt ganz gehörig, und dankbar nehme ich's an, kann ich hier doch mein Lesen regulieren. Und schliesslich trägt ja sogar ein ‚aufgeschlüsselter' Titel *mn ltztr krnz ei ee a*, also *mein letzter kranz*, diese Frage nach dem Original mit, wissen wir doch nicht, ob damit der vorangegangene Sonettenkranz oder ein abschliessender gemeint sei.

Was also haben wir hier? Eine Übersetzung oder Übersetzungen eines Sonettenkranzes? Ein Stück Typewriter Art, in dem eine Beziehung der Ähnlichkeit im Sinne der Repräsentation doch noch gegeben ist, weil da ein Original ‚gemeint', zitiert ist? Oder haben wir es mit einer Ähnlichkeit zu tun, die eine entsprechende unterordnende Beziehung zu einem Ausgangspunkt verneint und stattdessen die Ähnlichkeiten vermehrt? Oder anders gefragt: *Lese* ich Konsonanten und Vokale als Zeichen eines zu rekonstruierenden Textes oder *sehe* ich sie als vokal- und konsonantenähnliche Erscheinungen? Vielleicht verhält es sich ein bisschen wie bei einer Kippfigur: Beides ist der Fall und keines von beidem. Meine Lektüre funktioniert nicht, wenn ich mich im eigentlichen Sinn nur ans Entschlüsseln mache, wenn ich die Buchstaben nur für etwas anderes nehme, weil ich dann verkenne, was ich vor Augen habe: rote und schwarze buchstabenähnliche Phänomene, Klebestellen, Verschmierungen, Überschreibungen, unterschiedliche Tintendichte. Genauso wenig funktioniert meine Lektüre, wenn ich besagte Phänomene nur sehe, und nicht auch lese, weil mir dann nicht mal verständlich wird, was eine Überschreibung, eine Korrektur, eine Abdecketikette sein könnten. Also bewege ich mich springend dazwischen: Aufgrund von Materialeigenschaften des Drucks ergeben sich mir Fragen an einen eigentlichen Text, komme ich zu Konjekturen, stelle ich Vermutungen mit Blick auf die sprachliche Zeichenhaftigkeit an; aufgrund des geisterhaften Hintergrundtextes, des Ursonettenkranzes von 2007 sozusagen, gelange ich zur Einsicht der Andersartigkeit, der Eigenständigkeit, vielleicht der Unabhängigkeit der buchstabenähnlich bedruckten Papiere, die mir vorliegen. Die Erfahrung von Differenz, die sich in der einen wie in der anderen Leserichtung einstellt, ist für mein Lesen wesentlich. Meine Lektüre ist ein stufenloses Umschalten.

Der Ventile sind viele in *mn ltztr krnz ei ee a.* Ventile stören erfolgreich die geschmeidige Kranzhaftigkeit von *mn ltztr krnz ei ee a.* Ventile sind materialbedingte Überschüsse, Ventile sind körpergewordene Spielregeln, Ventile sind unverzichtbare Fehler. Ventile sind im besten Sinn enttäuschte Erwartungen an ein reibungsloses Funktionieren, an eine sorglose Grammatik des Sonettenkranzes. Ventile stellen Zeichen als solche in Frage, führen zu neuen Annahmen, verhindern, dass ich in Selbstverständlichkeiten verharre. Bei Ventilen beginnt, dass ich nicht weiss, wie ich lesen soll. Ventile setzen Versionen, Fassungen, vielleicht Editionen zueinander in Beziehung und verneinen diese Beziehung auch wieder. Ventile regulieren Druckverhältnisse und bauen diesen Druck erst auf. Und Ventile führen zu hanebüchenen Annahmen, Spekulationen, Phantomtexten. Übrigens: Die berühmte Olivetti Lettera 22 wurde 1949 vorgestellt, 1953 kamen *Les vacances de Monsieur Hulot* in die Kinos.

Biographisches

Hartmut Abendschein (*1969): Aufgewachsen in Schwäbisch Hall, Buchhändler in Stuttgart, Studium der Germanistik und Anglistik in Konstanz und Glasgow, wiss. Dokumentar in Köln, lebt und arbeitet in Bern. Betreiber des literarischen Weblogs *taberna kritika – kleine formen* und Mitbegründer und Hrsg. von *litblogs.net – literarische weblogs in deutscher sprache.*
Publikationen (Auswahl): Die Träume meiner Frau. Hybride Stoffe (2007). Bibliotheca Caelestis. Tiddlywikiroman (2008). The Chomskytree-Haiku (Rhizome(Rhizome)) (2011). Dranmor. Roman (2012). Schellendiskursli / Schellenexkursli (2013). Recycling Le Tour de France (2014). Flarf Disco. Popgedichte (2015). nicht begonnenes fortsetzen. Text, Kontur, Schatten (2017). Mehr: www.abendschein.ch

Stefan Humbel (*1978) hat deutsche Literatur und Philosophie studiert und unterrichtet an der Hochschule der Künste Bern am Schweizerischen Literaturinstitut und im Master in Contemporary Arts Practice. Ausserdem arbeitet er in der Kinemathek Lichtspiel in der Programmierung und als Filmvorführer. Er lebt in Bern.

Die edition taberna kritika wird vom Bundesamt für Kultur (CH) mit einem Förderbeitrag für die Jahre 2019-2020 unterstützt.

Merci

MIGROS
kulturprozent

Burgergemeinde
Bern

SWISSLOS
Kultur Kanton Bern

edition taberna kritika
Neuerscheinungen 2018/19

Dominik Riedo
Spittelers Zeichen
ISBN 978-3-905846-51-5

Friedrich Nietzsche
«Also» sprach Zarathustra
ISBN: 978-3-905846-50-8

Giuliano Musio / Manuel Kämpfer
Keinzigartiges Lexikon
ISBN 978-3-905846-49-2

Elisabeth Wandeler-Deck
Visby infra-ordinaire
ISBN 978-3-905846-48-5

Elke Heinemann
Fehlversuche
ISBN 978-3-905846-47-8

René Hamann
Die Suche nach dem Glam
ISBN 978-3-905846-46-1

Ausführliche Informationen über unsere
Neuerscheinungen und das Gesamtprogramm finden Sie im
Internet unter http://www.etkbooks.com
edition taberna kritika
Gutenbergstrasse 47
CH - 3011 Bern
Tel.: +41 (0) 33 534 9 308
info@etkbooks.com | http://www.etkbooks.com